Miau Mastery: Von der Pflege bis zur Psychologie der Katzen

AF186319

Ein All-in-One Handbuch

Einführung

Seit Tausenden von Jahren haben Katzen einen besonderen Platz im Herzen der Menschen. Sie sind nicht nur Haustiere, sondern auch Symbole für Mystik, Unabhängigkeit und Anmut in verschiedenen Kulturen rund um die Welt. Von den alten Ägyptern, die sie als Gottheiten verehrten, bis zu den modernen Internet-Phänomenen, die unsere Herzen in sozialen Medien erobern, haben Katzen eine einzigartige Reise durch die Geschichte der Menschheit gemacht.

In diesem Buch erkunden wir die vielfältige Welt der Katzen. Wir beginnen mit den grundlegenden Aspekten der Katzenpflege, von der Auswahl der richtigen Katze bis hin zur Sicherstellung ihrer Gesundheit und ihres Wohlbefindens. Ein tiefes Verständnis der Verhaltensweisen von Katzen hilft uns, eine stärkere Bindung zu unseren feline Freunden aufzubauen und häufige Missverständnisse zu vermeiden.

Die Vielfalt der Katzenrassen, mit ihren einzigartigen Charakteren und Bedürfnissen, wird ebenfalls eine zentrale Rolle in unserem Buch spielen. Ob Sie einen ruhigen Gefährten oder einen lebhaften Spielgefährten suchen, die Wahl der richtigen Rasse kann Ihre Erfahrung als Katzenbesitzer bereichern.

Schließlich würdigen wir die Gemeinschaft der Katzenliebhaber, indem wir inspirierende Geschichten und Anekdoten teilen. Diese Geschichten zeigen nicht nur die tiefe Liebe und Hingabe, die so viele Menschen für ihre Katzen empfinden, sondern auch, wie diese bemerkenswerten Tiere unser Leben auf unerwartete Weise bereichern können.

Begleiten Sie uns auf dieser Entdeckungsreise in die Welt der Katzen, wo wir nicht nur lernen, wie wir uns am besten um unsere pelzigen Freunde kümmern, sondern auch, wie wir von ihnen in Sachen Liebe, Geduld und Lebensfreude lernen können.

Grundlagen der Katzenpflege

Die Pflege einer Katze ist eine bereichernde Erfahrung, die Verantwortung und Wissen erfordert. Ein fundiertes Verständnis der Grundbedürfnisse Ihrer Katze ist der erste Schritt, um ihr ein glückliches und gesundes Leben zu ermöglichen.

Auswahl der richtigen Katze

Bevor Sie eine Katze in Ihr Zuhause bringen, ist es wichtig, die richtige Wahl zu treffen. Berücksichtigen Sie Faktoren wie Rasse, Alter, Temperament und wie gut die Katze zu Ihrem Lebensstil passt. Während Kätzchen mit ihrer verspielten Natur unwiderstehlich sein können, benötigen sie viel Aufmerksamkeit und Erziehung. Ältere Katzen sind oft weniger anspruchsvoll und können eine wunderbare Wahl für beschäftigere Menschen oder Erstbesitzer sein.

Fütterung

Eine ausgewogene Ernährung ist entscheidend für die Gesundheit Ihrer Katze. Die Wahl des richtigen Futters, sei es Trocken- oder Nassfutter, sollte auf dem Alter, Gewicht und Gesundheitszustand der Katze basieren. Es ist auch wichtig, frisches Wasser ständig zur Verfügung zu stellen und die Fütterungszeiten konsequent einzuhalten.

Die Fütterung ist ein zentraler Aspekt der Katzenpflege, der direkten Einfluss auf die Gesundheit und das Wohlbefinden Ihres tierischen Begleiters hat. Hier sind einige vertiefende Informationen und Tipps, um sicherzustellen, dass Ihre Katze eine ausgewogene und angemessene Ernährung erhält:

1. **Futterauswahl:** Die Auswahl des Futters sollte auf der Lebensphase der Katze basieren. Kätzchen benötigen beispielsweise ein proteinreiches Futter, das ihr Wachstum und ihre Entwicklung unterstützt, während ältere Katzen eventuell ein Futter mit niedrigerem Kaloriengehalt benötigen, um eine optimale Gesundheit zu erhalten.

2. **Trockenfutter vs. Nassfutter:** Trockenfutter ist praktisch und kann helfen, die Zähne sauber zu halten. Nassfutter bietet einen höheren Feuchtigkeitsgehalt, der gut für die Hydratation ist. Einige Tierärzte empfehlen eine Kombination aus beidem, um die Vorteile beider Futterarten zu nutzen.

3. **Spezialdiäten:** Abhängig von gesundheitlichen Bedingungen wie Nierenkrankheiten, Übergewicht oder Allergien benötigt Ihre Katze möglicherweise eine spezielle Diät. Konsultieren Sie einen Tierarzt, um die beste Ernährung für Ihre Katze basierend auf ihren spezifischen Gesundheitsbedürfnissen zu bestimmen.

4. **Lesen von Futtermittel-Etiketten: ** Lernen Sie, Futtermittel-Etiketten zu lesen, um hochwertige Inhaltsstoffe zu erkennen und Futter zu vermeiden, das schädliche Zusätze oder Füllstoffe enthält.

5. **Frisches Wasser: ** Stellen Sie sicher, dass Ihrer Katze stets frisches Wasser zur Verfügung steht. Katzen bevorzugen oft, ausfließendem Wasser zu trinken, daher kann ein Trinkbrunnen eine gute Investition sein, um die Flüssigkeitsaufnahme zu fördern.

6. **Kontrollierte Fütterungszeiten:** Während einige Besitzer sich für die Methode der freien Fütterung entscheiden, bei der den ganzen Tag über Futter zur Verfügung steht, empfehlen viele Experten kontrollierte Fütterungszeiten. Dies hilft, Überfütterung zu vermeiden und kann auch Verdauungsprobleme reduzieren.

7. **Überwachung des Körpergewichts:** Überwachen Sie das Gewicht Ihrer Katze regelmäßig, um sicherzustellen, dass sie nicht übergewichtig oder untergewichtig wird. Gewichtsveränderungen können auch ein Indikator für gesundheitliche Probleme sein.

8. **Leckerlis in Maßen:** Während Leckerlis eine hervorragende Möglichkeit sind, Ihre Katze zu belohnen oder ihr Training zu unterstützen, sollten sie in Maßen gegeben werden, da sie schnell zu einer Quelle übermäßiger Kalorien werden können.

Durch die Beachtung dieser Richtlinien können Sie dazu beitragen, dass Ihre Katze eine nahrhafte, ausgewogene Ernährung erhält, die ihre Gesundheit und ihr Wohlbefinden langfristig unterstützt.

Versorgung älterer und pflegebedürftiger Katzen

- Mit zunehmendem Alter können Katzen eine Reihe von Gesundheitsproblemen entwickeln, die besondere Aufmerksamkeit erfordern. Dazu gehören Arthritis, Nierenkrankheiten und Seh- oder Hörverlust.

- Ältere Katzen profitieren von regelmäßigen tierärztlichen Kontrollen, angepassten Ernährungsplänen und Anpassungen in ihrer Umgebung, um ihren Komfort zu maximieren.

Die Katze und andere Haustiere

- Die Einführung einer neuen Katze in einen Haushalt mit anderen Tieren erfordert Geduld und strategische Planung. Es ist wichtig, die Tiere schrittweise und unter kontrollierten Bedingungen zusammenzubringen.

- Verstehen Sie die Körpersprache und Signale Ihrer Tiere, um potenzielle Konflikte frühzeitig zu erkennen und zu entschärfen.

Reisen mit Katzen

- Reisen kann für Katzen stressig sein, daher ist es wichtig, sie gut darauf vorzubereiten. Dies beinhaltet die Auswahl der richtigen Transportbox, das Training für längere Aufenthalte in der Box und die Planung der Reise, um Stress für die Katze zu minimieren.

- Bei längeren Reisen sollten Sie über geeignete Pausen, Zugang zu frischem Wasser und die sichere Unterbringung Ihrer Katze am Zielort nachdenken.

Hygiene

Katzen sind von Natur aus sehr saubere Tiere, und die Bereitstellung eines sauberen, zugänglichen Katzenklos ist wesentlich. Es sollte regelmäßig gereinigt werden, um die Hygiene zu gewährleisten und unangenehme Gerüche zu vermeiden. Die Pflege des Fells durch regelmäßiges Bürsten hilft, Haarballen zu verhindern und hält das Fell glänzend und gesund. #

Die Reinigung einer Katze ist in der Regel ein einfacher Prozess, da Katzen von Natur aus sehr saubere Tiere sind und einen Großteil ihrer Zeit damit verbringen, sich selbst zu putzen. Allerdings gibt es Situationen, in denen ein wenig menschliche Hilfe nötig sein könnte. Hier sind einige Schritte und Tipps, wie Sie Ihre Katze richtig reinigen können:

Selbstreinigung der Katze

- Beachten Sie, dass Katzen ausgezeichnete Selbstreiniger sind. Es ist normalerweise nicht notwendig, Katzen regelmäßig zu baden, es sei denn, sie haben sich in etwas Schmutziges oder Klebriges gewälzt oder können sich aus gesundheitlichen Gründen nicht selbst putzen.

Fellpflege

1. **Regelmäßiges Bürsten: ** Dies hilft, lose Haare zu entfernen, Verfilzungen zu vermeiden und die Verteilung natürlicher Hautöle zu fördern. Kurzhaarige Katzen können wöchentlich und langhaarige Katzen idealerweise täglich gebürstet werden.

2. **Spezielle Katzenpflegehandschuhe: ** Diese können verwendet werden, um lose Haare zu entfernen und gleichzeitig die Haut zu massieren.

Baden (nur bei Bedarf)

1. **Vorbereitung: ** Stellen Sie sicher, dass alle benötigten Utensilien griffbereit sind – Katzenshampoo, Handtücher, eine Schüssel oder einen Eimer und eine Tasse oder einen kleinen Krug zum Ausspülen.

2. **Wassertemperatur: ** Verwenden Sie lauwarmes Wasser. Zu heißes oder zu kaltes Wasser kann für die Katze unangenehm oder sogar schädlich sein.

3. **Shampoo: ** Verwenden Sie nur spezielles Katzenshampoo. Produkte für Menschen oder Hunde können für Katzenhaut reizend sein.

4. **Sanftes Baden: ** Beruhigen Sie Ihre Katze mit sanfter Stimme und schnellen, beruhigenden Streicheleinheiten. Tragen Sie das Shampoo auf und vermeiden Sie dabei Augen, Ohren und Mund der Katze. Spülen Sie das Shampoo gründlich aus.

5. **Trocknen: ** Wickeln Sie Ihre Katze nach dem Baden in ein warmes Handtuch und tupfen Sie das Fell vorsichtig trocken. Verwenden Sie bei Bedarf und wenn Ihre Katze es toleriert, einen Haartrockner auf niedriger Stufe und halten Sie ihn in angemessenem Abstand.

Ohren- und Augenpflege

- **Ohren: ** Überprüfen Sie regelmäßig die Ohren Ihrer Katze auf Schmutz oder Wachs. Reinigen Sie sie bei Bedarf mit einem feuchten Tuch oder einer speziellen Lösung, die vom Tierarzt empfohlen wird.

- **Augen: ** Bei Bedarf können Sie sanft die Ecken der Augen mit einem weichen, feuchten Tuch reinigen.

wichtig zu beachten

- Zwingen Sie Ihre Katze nicht zum Baden, wenn es nicht absolut notwendig ist. Stress und Angst, die durch das Baden verursacht werden, können zu Verhaltensproblemen führen.

Bei Unsicherheiten oder wenn Ihre Katze besondere Pflegeanforderungen hat, ist es immer ratsam, sich mit einem Tierarzt oder professionellen Katzenpfleger zu beraten.

**Katzenklo-Reinigung: ** Reinigen Sie das Katzenklo mindestens einmal täglich, um Abfall zu entfernen. Eine regelmäßige Komplettreinigung, bei der das gesamte Streu ersetzt und die Box mit einem milden Reinigungsmittel ausgewaschen wird, hilft, Gerüche zu minimieren und die Hygiene zu bewahren. Stellen Sie sicher, dass die Reinigungsmittel sicher für Katzen sind.

**Anzahl der Katzentoiletten: ** Idealerweise sollte es mindestens eine Katzentoilette pro Katze plus eine zusätzliche geben. Dies verhindert Konflikte zwischen mehreren Katzen und stellt sicher, dass sie immer Zugang zu einer sauberen Toilette haben.

Art des Katzenstreus: Es gibt verschiedene Arten von Katzenstreu. Die Auswahl hängt von den Vorlieben Ihrer Katze ab. Manche Katzen bevorzugen klumpendes Streu, weil es leichter sauber zu halten ist, während andere nicht klumpendes oder sogar biologisch abbaubares Streu bevorzugen.

Krallepflege: Halten Sie die Krallen Ihrer Katze gepflegt, um Verletzungen und Schäden an Möbeln oder anderen Gegenständen zu vermeiden. Krallenschneider für Katzen sollten verwendet werden, um die Krallen sicher zu trimmen.

. **Zahnpflege:** Zahnpflege ist wichtig, um Zahnprobleme und Mundkrankheiten zu vermeiden. Spezielle Katzenzahnbürsten und -zahnpasta können verwendet werden, um die Zähne Ihrer Katze sauber zu halten.

Regelmäßige Tierarztbesuche: Neben der Heimpflege ist es wichtig, regelmäßige Gesundheitschecks beim Tierarzt durchzuführen, um sicherzustellen, dass Ihre Katze gesund bleibt und um frühzeitig auf mögliche Gesundheitsprobleme reagieren zu können.

Indem Sie diese Hygienepraktiken befolgen, können Sie nicht nur die Gesundheit und das Wohlbefinden Ihrer Katze fördern, sondern auch eine stärkere Bindung zu ihr aufbauen.

Schlafplatz

Ein gemütlicher, sicherer Schlafplatz ist für das Wohlbefinden Ihrer Katze von großer Bedeutung. Katzen schlafen durchschnittlich 13 bis 16 Stunden am Tag, daher ist es wichtig, dass sie einen ruhigen Ort haben, an dem sie sich zurückziehen können.

Die Gestaltung eines idealen Schlafplatzes für Ihre Katze ist entscheidend, um ihr Wohlbefinden und ihre Gesundheit zu unterstützen. Hier sind einige Tipps, um Ihrer Katze die besten Ruhebedingungen zu bieten:

1. **Bequeme Bettwäsche:** Investieren Sie in ein weiches, bequemes Katzenbett. Es gibt viele Varianten, darunter solche mit erhöhten Rändern für Katzen, die sich gerne einkuscheln, oder flachere Betten für Katzen, die sich beim Schlafen ausstrecken möchten.

2. **Wärme:** Katzen suchen oft warme Orte zum Schlafen. Stellen Sie das Bett in einem sonnigen Fenster oder in einer warmen Ecke des Hauses auf, besonders im Winter. Heizmatten für Katzenbetten sind auch eine Option, aber stellen Sie sicher, dass sie speziell für Katzen konzipiert sind und keine Verbrennungsgefahr darstellen.

3. **Ruhe und Sicherheit:** Platzieren Sie das Bett in einer ruhigen, wenig frequentierten Gegend des Hauses, wo Ihre Katze ungestört schlafen kann. Viele Katzen bevorzugen auch erhöhte Ruheplätze, von wo aus sie ihre Umgebung beobachten können.

4. **Mehrere Optionen:** Da Katzen ihre Schlafplätze gerne variieren, ist es sinnvoll, mehrere gemütliche Ruhezonen im Haus einzurichten. Dies kann auch dazu beitragen, territoriale Konflikte in Haushalten mit mehreren Katzen zu vermeiden.

5. **Saubere Umgebung:** Halten Sie das Katzenbett sauber, indem Sie es regelmäßig waschen. Dies hilft, Gerüche zu minimieren und bietet Ihrer Katze eine hygienische Ruhestätte.

6. **Berücksichtigung der Vorlieben:** Beobachten Sie, wo und wie Ihre Katze am liebsten schläft, und passen Sie ihre Schlafplätze entsprechend an. Einige Katzen bevorzugen eng anliegende Räume und fühlen sich in einer abgedeckten oder höhlenartigen Umgebung wohler.

7. **Vermeidung von Störungen:** Stellen Sie sicher, dass der Schlafbereich Ihrer Katze weit entfernt von lauten Geräuschen und stark frequentierten Bereichen ist, um Stress und Störungen zu vermeiden.

8. **Anpassungen für ältere Katzen:** Ältere Katzen können unter Arthritis oder anderen Gesundheitsproblemen leiden, die das Schlafen unbequem machen. Orthopädische oder extra gepolsterte Betten können helfen, ihren Komfort zu erhöhen.

Indem Sie einen optimalen Schlafplatz für Ihre Katze schaffen, fördern Sie nicht nur ihre Ruhe und Erholung, sondern zeigen auch, wie sehr Sie ihr Wohlbefinden schätzen.

Gesundheitsvorsorge

Regelmäßige Besuche beim Tierarzt sind unerlässlich, um sicherzustellen, dass Ihre Katze gesund bleibt. Dies schließt routinemäßige Impfungen, Entwurmungen und jährliche Check-ups ein. Eine frühzeitige Erkennung von Gesundheitsproblemen kann entscheidend sein, um langfristige Komplikationen zu vermeiden.

Um den Abschnitt über die Grundlagen der Katzenpflege weiter zu vertiefen, könnten wir zusätzliche Details zum Thema "Gesundheitsvorsorge" hinzufügen. Dieser Aspekt ist entscheidend für das langfristige Wohlergehen der Katze und verdient daher besondere Aufmerksamkeit. Hier sind erweiterte Informationen und Tipps, die in dieses Thema integriert werden könnten:

- **Präventivmedizin:** Betonen Sie die Bedeutung regelmäßiger Gesundheitschecks, die über die routinemäßigen Impfungen und Entwurmungen hinausgehen. Erklären Sie, wie vorbeugende Untersuchungen dabei helfen können, potenzielle Gesundheitsprobleme frühzeitig zu erkennen und zu behandeln, bevor sie ernst werden.

- **Zahnhygiene:** Erörtern Sie die Relevanz guter Zahnhygiene und wie Zahnprobleme nicht nur Schmerzen und Unwohlsein verursachen, sondern auch zu schwerwiegenderen gesundheitlichen Problemen führen können. Bieten Sie praktische Tipps für die tägliche Zahnreinigung oder Alternativen, wie spezielle Leckereien oder Spielzeuge, die zur Zahnreinigung beitragen.

- **Gewichtsmanagement:** Diskutieren Sie die Auswirkungen von Übergewicht oder Untergewicht auf die Gesundheit einer Katze und bieten Sie Richtlinien, wie Besitzer das Idealgewicht ihrer Katze bestimmen und aufrechterhalten können. Dies könnte auch Informationen über die Bedeutung einer ausgewogenen Ernährung und ausreichender Bewegung beinhalten.

- **Impfungen und Parasitenkontrolle:** Vertiefen Sie das Thema Impfungen, indem Sie erklären, warum sie wichtig sind und wie sie dazu beitragen, ernsthafte Krankheiten zu verhindern. Ebenso ist es wichtig, auf die Notwendigkeit regelmäßiger Kontrollen und Behandlungen von Parasiten wie Flöhen, Zecken und Würmern einzugehen.

- **Notfallvorsorge:** Geben Sie Rat, wie Katzenbesitzer einen Notfallplan erstellen können, einschließlich der Bereitstellung einer Notfalltasche und der Kenntnis der nächstgelegenen Tierklinik. Dies kann auch Tipps für die

Erste Hilfe bei Katzen beinhalten, bis professionelle medizinische Hilfe verfügbar ist.

Verständnis der Katzenverhaltensweisen

Katzen sind faszinierende Wesen mit einer komplexen Körpersprache und vielfältigen Verhaltensweisen. Ein tieferes Verständnis dieser Signale kann Ihnen helfen, eine stärkere und harmonischere Beziehung zu Ihrer Katze aufzubauen.

Kommunikationssignale verstehen

Katzen kommunizieren auf vielfältige Weise, darunter Miauen, Schnurren, Körpersprache und mehr. Jedes Miauen oder Schnurren kann verschiedene Bedeutungen haben, abhängig vom Kontext. Die Körpersprache, wie die Position der Ohren, des Schwanzes und des Körpers, bietet wichtige Hinweise auf die Stimmung und Absichten Ihrer Katze.

Typische Verhaltensmuster

Verstehen Sie die natürlichen Verhaltensmuster Ihrer Katze, wie Jagdinstinkte, Spielverhalten und Ruhebedürfnis. Indem Sie ihre natürlichen Instinkte respektieren und fördern, können Sie Ihrer Katze helfen, ein ausgeglichenes und zufriedenes Leben zu führen.

Das Verständnis und die Unterstützung der typischen Verhaltensmuster von Katzen sind wesentlich, um ihre Bedürfnisse zu erfüllen und ihre Lebensqualität zu verbessern. Hier sind Einblicke in einige grundlegende Verhaltensweisen von Katzen und wie Sie diese in Ihrem Alltag berücksichtigen können:

1. **Jagdinstinkt:** Katzen sind von Natur aus Jäger, und dieses Verhalten manifestiert sich auch in der häuslichen Umgebung. Fördern Sie diesen Instinkt durch interaktives Spiel mit Spielzeugen, die Flug- oder Lauftiere imitieren. Dies hilft nicht nur, ihre physischen Fähigkeiten zu erhalten, sondern unterstützt auch ihre mentale Gesundheit.

2. **Spielverhalten: ** Regelmäßiges Spielen ist entscheidend für das Wohlbefinden Ihrer Katze, vor allem bei Wohnungskatzen, die weniger Gelegenheiten zur natürlichen Jagd haben. Verschiedene Spielzeuge, wie Laserpointer, Bälle oder Federspielzeuge, können dabei helfen, ihre Aufmerksamkeit zu erregen und sie zu bewegen.

3. **Ruhebedürfnis: ** Katzen schlafen viel, oft 13 bis 16 Stunden pro Tag. Dies ist ein normaler Teil ihres Verhaltens, der Energie für die Jagd und das Spielen spart. Respektieren Sie ihre Ruhezeiten, indem Sie ihnen einen ruhigen, gemütlichen Ort zum Schlafen bieten.

4. **Kratzverhalten: ** Kratzen ist ein natürliches Verhalten, das Katzen hilft, ihre Krallen zu schärfen, ihre Muskeln zu dehnen und Territorium zu markieren. Stellen Sie Kratzbäume oder -matten zur Verfügung, um Ihre Möbel zu schützen und diesem Bedürfnis gerecht zu werden.

5. **Sozialisierung: ** Während Katzen oft als unabhängig gelten, benötigen sie Interaktion und Bindung zu ihren Menschen und, in manchen Fällen, zu anderen Katzen. Regelmäßige Zuneigung, Spiel und Kommunikation fördern das Wohlbefinden Ihrer Katze.

6. **Selbstpflegeverhalten:** Katzen verbringen einen erheblichen Teil ihres Tages mit der Pflege ihres Fells, was nicht nur der Sauberkeit dient, sondern auch als beruhigende Aktivität wirkt. Unterstützen Sie ihre Hygiene, indem Sie sie regelmäßig bürsten, besonders bei langhaarigen Rassen.

7. **Versteckverhalten:** Katzen suchen oft nach versteckten Orten, um sich zurückzuziehen. Dies ist ein Überbleibsel ihres Instinkts, sich vor Raubtieren zu schützen. Bieten Sie Ihrer Katze Zugang zu sicheren, ruhigen Verstecken, wo sie sich entspannen kann.

Indem Sie diese Verhaltensweisen verstehen und fördern, können Sie ein umfassendes Wohlbefinden für Ihre Katze schaffen, das sowohl ihre physischen als auch psychischen Bedürfnisse berücksichtigt.

Umgang mit Verhaltensproblemen

Verhaltensprobleme bei Katzen können für Besitzer herausfordernd sein, sind aber oft ein Zeichen dafür, dass die Katze unerfüllte Bedürfnisse hat oder Stress erlebt. Ein empathischer Ansatz, der auf Verständnis und Anpassung beruht, kann oft Abhilfe schaffen.

- **Unangemessenes Kratzen:** Kratzen ist ein natürlicher Instinkt von Katzen, der zur Krallenpflege, zum Stressabbau und zur Markierung ihres Territoriums dient. Stellen Sie sicher, dass ausreichend Kratzmöglichkeiten in Form von Kratzbäumen, -brettern oder -matten zur Verfügung stehen. Wenn Ihre Katze an unerwünschten Stellen kratzt, leiten Sie ihr Verhalten sanft um, indem Sie sie zum Kratzbaum locken und belohnen.

- **Markieren:** Katzen markieren ihr Territorium durch Urinieren, was besonders bei unkastrierten Männchen vorkommt. Dieses Verhalten kann auch bei Stress, Angst oder wenn sich die Katze in ihrer Umgebung unsicher fühlt, auftreten. Sorgen Sie für eine stabile Umgebung und vermeiden Sie stressauslösende Veränderungen. Bei anhaltenden Problemen ist es ratsam, einen Tierarzt oder einen Tierverhaltensspezialisten zu konsultieren.

- **Verstecken oder Aggression: ** Diese Verhaltensweisen können Anzeichen von Angst oder Unwohlsein sein. Versuchen Sie, die Ursache des Stresses zu identifizieren und zu eliminieren, und bieten Sie Ihrer Katze sichere Rückzugsorte an. Geduld und langsamer, positiver Kontakt können Vertrauen aufbauen und Angst verringern.

- **Aufmerksamkeitsforderndes Verhalten: ** Manche Katzen zeigen Verhaltensweisen wie übermäßiges Miauen oder Kratzen an Türen, um Aufmerksamkeit zu erlangen. Es ist wichtig, auf solche Verhaltensweisen konsistent und nicht mit negativer Aufmerksamkeit zu reagieren. Stattdessen sollten positive Interaktionen gefördert werden, wenn die Katze ruhig ist.

- **Einsatz von Pheromonen:** Pheromon-Diffusoren oder -Sprays können helfen, eine beruhigende Umgebung für Ihre Katze zu schaffen und Stress oder Angst zu reduzieren, was wiederum Verhaltensprobleme minimieren kann.

Es ist entscheidend, Verhaltensprobleme nicht zu bestrafen, da dies den Stress für die Katze erhöhen und das Problem oft verschlimmern kann. Stattdessen sollten Verhaltensänderungen mit Verständnis, Geduld und positiver Verstärkung angegangen werden.

Sozialisierung und Training

Obwohl Katzen einen Ruf für Unabhängigkeit haben, können sie von Sozialisierung und Training profitieren. Grundlegende Befehle, Tricks oder sogar die Benutzung einer Katzentoilette können mit Geduld und positiver Verstärkung gelehrt werden.

Sozialisierung und Training sind wichtige Aspekte der Katzenpflege, die oft übersehen werden, da Katzen als besonders unabhängig gelten. Doch auch Katzen können von gezieltem Training und Sozialisierungsmaßnahmen profitieren, die ihr Wohlergehen steigern und die Mensch-Katze-Beziehung verbessern.

- **Sozialisierung:** Der Prozess der Sozialisierung hilft Katzen, sich an verschiedene Menschen, Umgebungen und Situationen zu gewöhnen. Eine gut sozialisierte Katze ist oft ausgeglichener und weniger ängstlich. Beginnen Sie mit der Sozialisierung im Kätzchenalter, falls möglich, aber auch erwachsene Katzen können noch lernen, sich an neue Umstände zu gewöhnen.

- **Training:** Katzen können lernen, auf ihren Namen zu hören, auf Kommandos wie „Sitz" oder „Bleib" zu reagieren oder Tricks wie „Pfötchen geben" zu machen. Verwenden Sie positive Verstärkung wie Leckerlis oder Streicheleinheiten, um erwünschtes Verhalten zu belohnen.

- **Katzentoiletten-Training:** Obwohl die meisten Katzen von ihrer Mutter lernen, eine Katzentoilette zu benutzen, kann gelegentlich zusätzliches Training erforderlich sein. Stellen Sie sicher, dass die Katzentoilette sauber, leicht zugänglich und an einem ruhigen Ort steht. Belohnen Sie Ihre Katze, wenn sie die Toilette korrekt benutzt.

- **Clicker-Training:** Diese Trainingsmethode verwendet einen Clicker, um erwünschtes Verhalten zu markieren und dann zu belohnen. Es ist eine klare und effektive Methode, um Katzen neue Verhaltensweisen beizubringen oder unerwünschte Gewohnheiten abzutrainieren.

- **Geduld und Konsistenz:** seien Sie geduldig und konsistent in Ihren Trainingsbemühungen. Katzen lernen in ihrem eigenen Tempo, und Druck oder Strafe sind kontraproduktiv.

- **Umgang mit Herausforderungen:** Wenn Sie auf Herausforderungen stoßen, ziehen Sie in Betracht, einen professionellen Katzenverhaltensspezialisten zu konsultieren. Manchmal benötigen spezifische Probleme einen angepassten Ansatz.

Positive Verstärkung nutzen: ** Katzen reagieren gut auf positive Verstärkung. Belohnen Sie erwünschtes Verhalten sofort mit Leckerlis, Spielzeug oder Streicheleinheiten, damit die Katze den Zusammenhang zwischen ihrem Verhalten und der Belohnung erkennt.

Kurze Trainingseinheiten: ** Katzen haben eine kurze Aufmerksamkeitsspanne, daher sollten Trainingseinheiten kurz und positiv gehalten werden. Mehrere kurze Einheiten über den Tag verteilt sind effektiver als eine lange Sitzung.

Unerwünschte Verhaltensweisen ignorieren: ** Wenn Ihre Katze ein unerwünschtes Verhalten zeigt, versuchen Sie, es zu ignorieren und nicht mit Aufmerksamkeit zu belohnen. Wenn das Verhalten nicht das gewünschte Ergebnis bringt, wird die Katze weniger motiviert sein, es zu wiederholen.

Umlenkung und Ersatz: Wenn Sie unerwünschte Verhaltensweisen abtrainieren möchten, bieten Sie eine akzeptable Alternative an. Zum Beispiel, wenn eine Katze an Möbeln kratzt, stellen Sie sicher, dass ein Kratzbaum oder eine Kratzmatte in der Nähe ist und leiten Sie ihre Aufmerksamkeit darauf um, wenn sie anfängt, an den Möbeln zu kratzen.

Geduld und Konsistenz: Änderungen im Verhalten erfordern Zeit. Seien Sie geduldig und bleiben Sie konsequent bei der Anwendung Ihrer Trainingsmethoden, damit Ihre Katze lernen und sich anpassen kann.

Vermeiden von Strafen: Strafen können Angst und Misstrauen fördern und sind oft kontraproduktiv. Es ist effektives, positives Verhalten zu fördern und unerwünschtes Verhalten zu ignorieren oder umzuleiten.

Gesundheitscheck: Stellen Sie sicher, dass unerwünschtes Verhalten nicht durch gesundheitliche Probleme verursacht wird. Wenn es Zweifel gibt, konsultieren Sie einen Tierarzt, um mögliche gesundheitliche Ursachen auszuschließen.

Indem Sie diese Strategien anwenden, können Sie Ihrer Katze effektiv neue Verhaltensweisen beibringen oder unerwünschte Gewohnheiten abtrainieren, was zu einer stärkeren Bindung zwischen Ihnen und Ihrer Katze führt.

Katzenrassen

Die Wahl der Katzenrasse kann einen erheblichen Einfluss auf Ihr Leben als Katzenbesitzer haben. Jede Rasse hat ihre eigenen charakteristischen Merkmale, Verhaltensweisen und Pflegeanforderungen. In diesem Kapitel stellen wir einige der beliebtesten Katzenrassen vor, um Ihnen zu helfen, eine informierte Entscheidung zu treffen, die zu Ihrem Lebensstil passt.

Überblick über verschiedene Rassen

- **Perserkatze**: Bekannt für ihr luxuriöses Fell und ruhiges Temperament, sind Perserkatzen ideale Begleiter für ein entspanntes Zuhause. Ihre Pflege erfordert jedoch regelmäßiges Bürsten, um Verfilzungen und Haarballen vorzubeugen.

- **Siamesische Katze**: Diese gesprächige und menschenbezogene Rasse ist bekannt für ihre markanten blauen Augen und den eleganten Körperbau. Siamesen sind sehr sozial und bevorzugen es, nicht lange allein gelassen zu werden.

- **Maine Coon**: Eine der größten Hauskatzenrassen, die Maine Coon, ist für ihr freundliches und verspieltes Wesen bekannt. Sie sind robust und benötigen ausreichend Platz zum Erkunden und Spielen.

Einen vollständigen Überblick über alle Katzenrassen von A bis Z zu geben, wäre ziemlich umfangreich, aber ich kann Ihnen eine Auswahl anbieten, die einige der bekanntesten und beliebtesten Rassen aus verschiedenen Teilen des Alphabets hervorhebt. Hier ist ein kurzer Überblick:

A - Abyssinier: Bekannt für ihre schlanken Körper und großen Ohren, sind Abyssinier eine der ältesten und aktivsten Katzenrassen. Sie sind sehr gesellig und genießen menschliche Gesellschaft.

**B - Birma: ** Diese Rasse, auch bekannt als "Heilige Birma", hat ein markantes, mittellanges Fell und blaue Augen. Birmas sind bekannt für ihr freundliches und ruhiges Wesen.

**C - Cornish Rex: ** Mit ihrem gewellten Fell und schlanken Körperbau sind Cornish Rex-Katzen einzigartig in ihrer Erscheinung. Sie sind verspielt, energisch und lieben die Gesellschaft von Menschen.

**D - Devon Rex: ** Ähnlich wie die Cornish Rex haben auch Devon Rex-Katzen ein gelocktes Fell, aber sie zeichnen sich durch große, tiefsitzende Ohren und eine schlanke Statur aus. Sie sind sehr anhänglich und menschenbezogen.

**E - Exotische Kurzhaar: ** Diese Rasse ist im Grunde eine kurzhaarige Version der Perserkatze, bekannt für ihr ruhiges und freundliches Wesen sowie ihr plüschiges Fell und ihre flachen Gesichter.

F - Foldex: Dies ist eine weniger bekannte Rasse, die für ihre gefalteten Ohren bekannt ist, eine Eigenschaft, die sie von der schottischen Faltohrkatze geerbt hat. Sie haben ein ruhiges und sanftes Temperament.

**M - Maine Coon: ** Eine der größten Hauskatzenrassen, bekannt für ihr langes Fell, ihre tuftigen Ohren und ihren buschigen Schwanz. Maine Coons sind freundlich, intelligent und sehr anpassungsfähig.

**N - Norwegische Waldkatze: ** Diese Rasse ist für ihr dickes, wasserabweisendes Fell und ihren buschigen Schwanz bekannt. Sie sind robust, unabhängig und haben ein freundliches Naturell.

P - Perser: Eine der berühmtesten Katzenrassen, die für ihr langes, flauschiges Fell und ihr ruhiges Temperament bekannt ist. Perserkatzen sind genügsam und genießen ein entspanntes Leben.

R - Ragdoll: Ragdolls sind für ihre blauen Augen und ihr farbpoint-Fell bekannt sowie für ihr entspanntes und sanftes Wesen. Sie sind oft sehr anhänglich und entspannen sich vollständig, wenn man sie hochhebt.

S - Siamkatze: Eine der bekanntesten Rassen, charakterisiert durch ihr elegantes Aussehen, ihre markanten Farbkontraste und ihre leuchtend blauen Augen. Siamesen sind sehr gesprächig und sozial.

T - Türkisch Van: Eine einzigartige Rasse, bekannt für ihre Vorliebe für Wasser und ihr halblanges, überwiegend weißes Fell mit farbigen Markierungen am Kopf und Schwanz. Sie sind energisch und verspielt.

Diese Auswahl gibt Ihnen einen kleinen Einblick in die Vielfalt und den Reichtum der Welt der Katzenrassen. Jede Rasse hat ihre eigenen charakteristischen Merkmale und Temperamente, was sie für verschiedene Menschen und Lebensstile geeignet macht.

Auswahl der richtigen Rasse

Die Wahl der richtigen Katzenrasse ist ein wichtiger Schritt, um sicherzustellen, dass die Bedürfnisse sowohl der Katze als auch des Besitzers erfüllt werden. Hier sind einige Aspekte, die Sie berücksichtigen sollten, um die passende Rasse für Ihre Situation zu finden:

1. **Energie- und Aktivitätsniveau:** Überlegen Sie, wie viel Zeit Sie für das Spielen und die Interaktion mit Ihrer Katze aufbringen können. Aktive Rassen wie die Abyssinier oder Bengal benötigen viel Beschäftigung, um glücklich zu sein, während Rassen wie die Perser oder Britisch Kurzhaar weniger aktiv sind.

2. **Pflegebedarf:** Einige Katzenrassen, wie die Perser oder Maine Coons, haben langes Fell, das regelmäßige Pflege erfordert, um Verfilzungen zu vermeiden. Wenn Sie nicht viel Zeit für die Fellpflege haben, könnte eine Rasse mit kurzem Fell eine bessere Wahl sein.

3. **Größe und Wohnsituation:** Einige Rassen, wie die Maine Coon, werden sehr groß und benötigen entsprechend mehr Platz. Stellen Sie sicher, dass Ihre Wohnsituation der Größe und dem Aktivitätslevel der Katze gerecht wird.

4. **Allergien:** Manche Menschen sind weniger allergisch gegen bestimmte Katzenrassen. Hypoallergene Rassen wie die Sibirische Katze oder die Balinesen können für Allergiker geeigneter sein.

5. **Temperament:** Jede Katze ist ein Individuum, aber bestimmte Rassen sind bekannt für ihre spezifischen Temperamente. Zum Beispiel sind Ragdolls oft sehr entspannt und freundlich, während Siamesen für ihre gesprächige und gesellige Natur bekannt sind.

6. **Kinder und andere Haustiere:** Wenn Sie Kinder oder andere Haustiere haben, wählen Sie eine Rasse, die dafür bekannt ist, gut mit ihnen auszukommen. Zum Beispiel sind Maine Coons bekannt dafür, gut mit Kindern und anderen Haustieren auszukommen.

7. **Lebenserwartung und Gesundheit:** Einige Rassen haben spezifische Gesundheitsprobleme oder eine kürzere Lebenserwartung. Informieren Sie sich über die Gesundheit und typische Lebensdauer der Rasse, die Sie in Betracht ziehen.

8. **Adoption:** Denken Sie daran, dass viele wunderbare Mischlingskatzen Liebe und ein Zuhause brauchen. Oft kann eine Mischlingskatze die Eigenschaften bieten, die Sie suchen, und gleichzeitig bieten Sie einem Tier in Not ein Zuhause.

Wenn Sie die Rasse auswählen, die am besten zu Ihrem Lebensstil passt, erhöhen Sie die Chancen für eine glückliche und erfüllende Beziehung mit Ihrer Katze. Besuchen Sie Tierheime und sprechen Sie mit Züchtern und Tierärzten, um mehr über die Rassen zu erfahren, die Sie interessieren.

**Geschichten und Anekdoten von Katzenliebhabern

Katzen haben eine einzigartige Fähigkeit, unsere Herzen zu berühren und unser Leben auf unerwartete Weise zu bereichern. In diesem Kapitel teilen wir inspirierende, herzerwärmende und bisweilen humorvolle Geschichten von Katzenliebhabern aus aller Welt. Diese Erzählungen verdeutlichen die tiefe Bindung zwischen Katzen und ihren Menschen und zeigen, wie diese außergewöhnlichen Tiere uns inspirieren, lehren und trösten.

Die Katze, die eine Familie zusammenbrachte

Eine Geschichte handelt von einer streunenden Katze, die den Weg in das Herz einer zerstrittenen Familie fand und sie wieder zusammenbrachte. Ihre Anwesenheit und die gemeinsame Sorge um das Tier halfen der Familie, ihre Differenzen zu überwinden und neu zueinander zu finden.

Der Therapiekater

Ein anderer Bericht erzählt von einem Kater, der als Therapietier in einem Seniorenheim arbeitet, wo er Bewohnern Trost und Freude spendet. Sein sanftes Schnurren und seine ruhige Präsenz haben eine bemerkenswert beruhigende Wirkung auf die Bewohner, insbesondere auf diejenigen mit Demenz.

Die Abenteuer von Whisker

Dann gibt es noch die abenteuerlichen Erlebnisse von Whisker, einer lebhaften Katze, die ihren Besitzer auf Wanderungen begleitet. Whiskers beweist, dass Katzen genauso abenteuerlustig sein können wie Hunde, und bricht dabei mit den üblichen Katzenklischees.

Der Wettervorhersage-Kater: ** In einem kleinen Dorf wurde eine Katze namens Whiskers berühmt, weil sie anscheinend das Wetter vorhersagen konnte. Jedes Mal, wenn Whiskers sich weigerte, das Haus zu verlassen und stattdessen in der Nähe des Kamins kauerte, bereiteten sich die Dorfbewohner auf schlechtes Wetter vor. Und tatsächlich, meistens begann es kurz darauf zu regnen oder zu schneien. Die Dorfbewohner verließen sich so sehr auf Whisker' "Vorhersagen", dass sie ihre Tagespläne entsprechend anpassten.

Die Bibliothekskatze: ** Eine öffentliche Bibliothek in einer kleinen Stadt bekam eine Katze namens Page, die schnell zum Star wurde. Page begrüßte die Besucher am Eingang, begleitete Kinder zur Kinderbuchabteilung und schlief manchmal sogar auf einem Stapel Bücher. Die Anwesenheit der Katze machte die Bibliothek zu einem noch einladenderen Ort, und viele Besucher kamen ebenso sehr, um Page zu sehen, wie um Bücher auszuleihen.

Der Trostspender: ** Eine ältere Dame, die nach dem Verlust ihres Ehemannes große Trauer erlebte, fand Trost bei ihrer Katze, Mr. Purr. Mr. Purr wich nicht von ihrer Seite, schlief jede Nacht an ihrem Kopfkissen und begleitete sie durch ihre Tage der Trauer. Die Dame sagte oft, dass Mr. Purrs Gesellschaft ihr geholfen habe, ihren Schmerz zu bewältigen und wieder Freude am Leben zu finden.

Die abenteuerlustige Mietze: ** Tom, eine energiegeladene und neugierige Katze, begleitete seinen Besitzer auf Wandertouren. Ausgestattet mit einem speziellen Geschirr, erkundete Tom mutig Wälder, Felder und Berge. Fotos von Toms Abenteuern wurden in einem Blog geteilt, der eine beträchtliche Anzahl von Followern gewann, die gespannt auf die nächsten Abenteuer des kühnen Kätzchens warteten.

**Die katzenliebende Stadt: ** In einer Stadt, in der Katzen besonders verehrt wurden, organisierte die Gemeinde jährlich ein Fest zu Ehren der katzenartigen Bewohner. Die Menschen schmückten ihre Häuser mit Katzenfiguren, es gab einen Umzug mit Katzen-Themenwagen und Preise für die „Katze des Jahres". Diese Tradition stärkte die Gemeinschaft und feierte die besondere Rolle, die Katzen im Leben der Stadtbewohner spielten.

Diese Geschichten spiegeln die vielfältigen und wunderbaren Weisen wider, auf denen Katzen das Leben ihrer Menschen bereichern können, und zeigen die tiefe Bindung, die zwischen Katzen und Menschen entstehen kann.

Die Auswahl des besten Katzenfutters hängt von vielen Faktoren ab, einschließlich der individuellen Gesundheit, des Alters, des Gewichts und der Vorlieben Ihrer Katze. Es ist immer ratsam, mit einem Tierarzt zu sprechen, bevor Sie die Ernährung Ihrer Katze ändern, insbesondere wenn Sie selbstgemachtes Futter in Betracht ziehen. einige allgemeine Richtlinien und ein Rezept für selbstgemachtes Katzenfutter geben.

Richtlinien für kommerzielles Katzenfutter:

1. **Qualitätsprotein:** Katzen sind Fleischfresser, also sollte Fleisch die Hauptzutat sein.

2. **Feuchtigkeitsgehalt:** Nassfutter ist oft besser zur Förderung der Hydratation.

3. **Taurin:** Eine essentielle Aminosäure, die in vielen Katzenfuttern enthalten ist.

4. **Vitamine und Mineralien: ** Wichtig für die Gesundheit und das Wohlbefinden.

5. **Ohne Füllstoffe: ** Vermeiden Sie Lebensmittel mit hohem Gehalt an Getreide und unnötigen Füllstoffen.

6. **Alter und Lebensstil: ** Wählen Sie ein Futter, das dem Alter und Aktivitätsniveau Ihrer Katze entspricht.

Selbstgemachtes Katzenfutter (Grundrezept):

**Zutaten: **

- 1 kg mageres Fleisch (Huhn, Rind oder Truthahn, gekocht und ohne Knochen)

- 50 g Leber (gekocht)

- 1 bis 2 Karotten (gekocht)

- 100 g Kürbis oder Zucchini (gekocht)

- 2 Eier (gekocht)

- 1 Esslöffel Fischöl

- Taurin-Ergänzung (gemäß der Anweisung des Tierarztes)

- Calcium-Ergänzung (gemäß der Anweisung des Tierarztes)

**Anleitung: **

1. Kochen Sie das Fleisch und die Leber gründlich, und achten Sie darauf, alle Knochen zu entfernen.

2. Kochen Sie das Gemüse weich und die Eier hart.

3. Zerkleinern oder pürieren Sie alle Zutaten zusammen, um eine konsistente Mischung zu erhalten.

4. Fügen Sie Fischöl, Taurin und Calcium gemäß den Empfehlungen Ihres Tierarztes hinzu.

5. Lassen Sie das Futter abkühlen, bevor Sie es Ihrer Katze servieren.

Hinweis: Selbstgemachtes Futter kann eine nahrhafte Ergänzung zur Ernährung Ihrer Katze sein, sollte aber unter der Aufsicht eines Tierarztes erfolgen, um sicherzustellen, dass alle ernährungsphysiologischen Bedürfnisse erfüllt werden.

Bevor Sie auf selbstgemachtes Futter umsteigen oder eine neue Marke ausprobieren, ist es wichtig, die spezifischen Bedürfnisse Ihrer Katze mit einem Tierarzt zu besprechen, um sicherzustellen, dass ihre Ernährungsbedürfnisse vollständig erfüllt werden.

Diese Tabellen können als Checklisten dienen, um sicherzustellen, dass alle wichtigen Aspekte berücksichtigt werden.

Tägliche Pflegeroutine für Katzen

Aufgabe	Details
Fütterung	Frisches Futter und Wasser bereitstellen.
Katzentoilette säubern	Entfernen Sie Abfälle und überprüfen Sie die Sauberkeit.
Fellpflege	Bürsten, um Verfilzungen und Haarballen vorzubeugen.
Spiel- und Interaktionszeit	Sorgen Sie für aktive Spielzeit und Aufmerksamkeit.
Beobachtung	Überprüfen Sie Verhalten, Appetit und Ausscheidungen.

Vorbereitung auf den Tierarztbesuch

Termin vereinbaren	Bestätigen Sie Datum, Uhrzeit und Zweck des Besuchs.
Transportbox	Sorgen Sie dafür, dass die Transportbox sauber und bequem ist.
Aktuelle Informationen	Notieren Sie alle Fragen oder Bedenken bezüglich der Gesundheit Ihrer Katze.
Medizinische Unterlagen	Bringen Sie alle relevanten medizinischen Unterlagen mit.
Vorab-Check	Überprüfen Sie das Gewicht und eventuelle Symptome.

Reisecheckliste für Katzen

Sicherheitsgeschirr/Leine	Für den Fall, dass die Katze transportiert werden muss.
Transportbox	Sicher, komfortabel und vertraut für die Katze.
Futter und Wasser	Ausreichend für die Reisedauer plus etwas extra.
Futter- und Wassernäpfe	Leicht zu reinigen und zu transportieren.
Katzenstreu und Schaufel	Für unterwegs oder bei der Ankunft.
Medikamente und Gesundheitsunterlagen	Falls erforderlich, besonders bei längeren Reisen.
Lieblingsspielzeug/Decke	Etwas Vertrautes, um die Katze zu beruhigen.

Tägliche Katzenpfle ge *Checkliste*

- ▪ Geben Sie Essen richtig
- ▪ Frischwasser bereitstellen
- ▪ Sand zum Koten bereitstellen
- ▪ Spiel mit der Katze
- ▪ Nehmen Sie die Katze mit zum Sport
- ▪ Bürsten Sie die Katze sanft
- Reibe die Katze

Diese Tabellen dienen als Leitfaden und können je nach den spezifischen Bedürfnissen Ihrer Katze angepasst werden. Es ist immer ratsam, sich auf die individuellen Bedürfnisse Ihrer Katze zu konzentrieren und bei Bedarf professionellen Rat einzuholen.

Aufgabe	Details

Aufgabe	Details

Aufgabe	Details

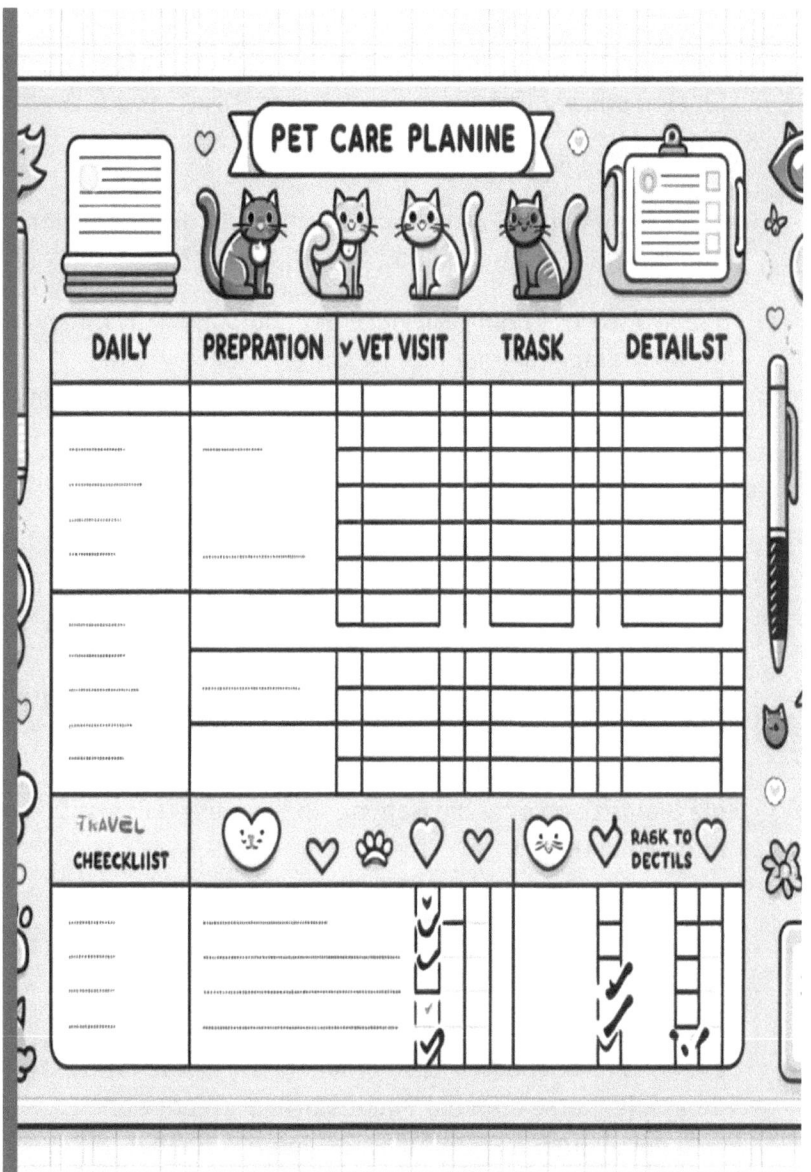

PET CARE PLANINE

DAILY	PREPRATION	✔ VET VISIT		TRASK		DETAILST	

TRAVEL CHEECKLIIST

RASK TO DECTILS

Einige mögliche Fragen und Antworten, die Sie berücksichtigen sollten, wenn Sie die richtige Katzenrasse für sich auswählen:

1. **Frage: Wie viel Zeit kann ich täglich für die Interaktion und das Spiel mit meiner Katze aufbringen? **

   - **Antwort:** Wenn Sie viel Zeit haben und aktiv mit Ihrer Katze interagieren möchten, könnten Rassen wie die Abyssinier oder die Bengal passend sein. Falls Sie weniger Zeit haben, könnten ruhigere Rassen wie die Britisch Kurzhaar oder die Ragdoll besser zu Ihrem Lebensstil passen.

2. **Frage: Wie viel Fellpflege bin ich bereit zu leisten?**

   - **Antwort:** Langhaarige Rassen wie Perser oder Maine Coons benötigen regelmäßige Bürstensitzungen, um ihr Fell in gutem Zustand zu halten. Kurzhaarige Rassen wie die Siamesisch oder die Sphynx sind in dieser Hinsicht pflegeleichter.

3. **Frage: Wie reagiere ich auf Katzenallergien?**

   - **Antwort:** Wenn Sie oder ein Familienmitglied allergisch sind, sollten Sie hypoallergene Rassen wie die Sibirische Katze oder die Balinesen in Betracht ziehen, die weniger allergene Proteine produzieren können.

4. **Frage: Wie viel Platz habe ich zu Hause?**

   - **Antwort:** Große Rassen wie die Maine Coon benötigen mehr Platz zum Erkunden und Spielen. Wenn Sie in einer kleineren Wohnung leben, könnte eine kleinere Rasse oder eine weniger aktive Katze besser passen.

5. **Frage: Habe ich Kinder oder andere Haustiere?**

   - **Antwort:** Einige Rassen, wie die Maine Coon oder die Ragdoll, sind bekannt für ihr gutes Auskommen mit Kindern und anderen Tieren. Es ist wichtig, eine Rasse zu wählen, die zu Ihrer gesamten Familiensituation passt.

6. **Frage: Bin ich bereit, gesundheitliche Bedürfnisse spezifischer Rassen zu adressieren?**

   - **Antwort:** Einige Rassen haben genetische Prädispositionen für bestimmte Gesundheitsprobleme. Informieren Sie sich im Voraus und stellen Sie sicher, dass Sie bereit sind, eventuelle spezielle Gesundheitsbedürfnisse zu erfüllen.

7. **Frage: Sollte ich eine Rassekatze kaufen oder eine Katze aus dem Tierheim adoptieren?**

   - **Antwort:** Während Rassekatzen bestimmte vorhersehbare Eigenschaften haben können, bieten Tierheimkatzen oft die gleiche Liebe und Kameradschaft.

Die Adoption aus einem Tierheim kann auch sehr erfüllend sein, da Sie einem Tier in Not ein Zuhause geben.

Durch das Stellen dieser Fragen können Sie sicherstellen, dass Sie eine informierte Entscheidung treffen, die sowohl Ihren Bedürfnissen als auch denen Ihrer zukünftigen Katze gerecht wird.

Notizen

Ich hoffe, dass dieses Buch Ihnen als wertvolle Ressource dient, sei es als Leitfaden für die tägliche Pflege, als Quelle der Inspiration durch Geschichten anderer Katzenliebhaber oder als Wegweiser zu einer tieferen emotionalen und psychologischen Verbindung mit Ihren Katzen. Möge jede Seite Ihnen neue Einsichten bringen und Ihre Reise mit Ihren katzenartigen Gefährten bereichern.

Impressum

© Rafihatou Salami

2024

1. Auflage

Alle Rechte vorbehalten

Nachdruck, auch in Auszügen, nicht gestattet

Kein Teil dieses Werkes darf ohne schriftliche Genehmigung des Autors in irgendeiner Form reproduziert, vervielfältigt oder verbreitet werden

Kontakt: Rafihatou Salami, Georg-Birk-Straße 11, 80797 München

rafiasalam82@gmail.com

Zeitfracht Medien GmbH
Ferdinand-Jühlke-Straße 7
99095 Erfurt, Deutschland
produktsicherheit@kolibri360.de